한국디카시학 디카시선 019

닫아버린 것에 대하여

최희남 디카시집

도서출판 **실천**

닫아버린 것에 대하여
한국디카시학 디카시선 019

초판 1쇄 인쇄 | 2024년 2월 1일
초판 1쇄 발행 | 2024년 2월 5일

지 은 이 | 최희남
펴 낸 이 | 민수현
엮 은 이 | 이어산
기 획 · 제 작 | 한국디카시학회
발 행 처 | 도서출판 실천
등 록 번 호 | 서울 종로 바00196호 등 록 일 자 | 2018년 7월 13일
| 진주제2021-000009호 | 2021년 3월 19일

서울사무실 | 서울특별시 종로구 율곡로 6길 36
02)766-4580, 010-6687-4580

본사사무실 | 경남 진주시 동부로 169번길 12. 윙스타워지식산업센터 A동 705호
055)763-2245, 010-3945-2245 팩스 055)762-0124

편 집 · 인 쇄 | 도서출판 실천
디자인실장 | 이예운   디자인팀 | 변선희, 이청아, 김승현

ISBN 979-11-92374-41-3
값 12,000원

* 이 책은 전부 또는 일부 내용을 재사용하려면 저작권자와 '도서출판 실천'의 동의를 받아야 합니다.
* 이 책의 국립중앙도서관 출판예정도서목록(CIP)은 서지정보유통지원시스템(http://seoji.nl.go.kr)과 국가자료종합목록시스템(http://www.nl.go.kr/kolisnet)에서 이용하실 수 있습니다.
* 잘못된 책은 교환해드립니다

닫아버린 것에 대하여

최희남 디카시집

■ 시인의 말

사진의 멋과 맛을 언어로 디자인하여

한 편의 디카시를 완성해 가는 즐거움에 빠졌다.

디카시를 짓는 일은

사람과 더불어 살아가는 동물들과

자연의 풍광 속에 감춰진 사물의 언어를 해석하고

나를 시인으로 살아가도록 하는 원동력이 되었으니

세상이 새롭고 모든 시적 대상에게 감사한 마음이다.

처음 독자 앞에 서는 일은

숨겨왔던 나의 자아를 과감하게 드러내는 일이어서

한 편으론 설레고 떨리는 마음이다.

이 디카시집에서 단 한 편이라도 사람들이 공감을 얻고

행복해졌으면 참 좋겠다.

보이지 않게 도와주신 손길과 문우들,

가족과 지인들이 있어서 참 든든하다.

2024년 새봄을 기다리며
_ 대전에서 **최희남**

■ 차례

1부 운명과의 대면

나의 외전外傳 · 12

사랑의 현장 · 14

꽃길 허상 · 16

마약 같은 사랑 · 18

편린 · 20

클레오파트라의 뒷목 · 22

뜨거운 고독 · 24

안부라는 말 · 26

자화상 · 28

허상과 현실 · 30

코드레드Code Red · 32

운명과의 대면 · 34

가벼움의 무게 · 36

소원과 향로向路 · 38

2부 밥그릇 경전

잊혀진 등대 · 42

벽을 넘어서 · 44

한낮에 대한 사고思考 · 46

당신의 일생 · 48

쓸쓸한 자리엔 고독이 남았는데 · 50

관계의 법칙 · 52

아르타 왕국의 추체험追體驗 · 54

밥그릇 경전 · 56

바람의 노래 · 58

내가 누구지? · 60

밀담 · 62

모정母情의 노래 · 64

연가戀歌 · 66

준비됐어요 · 68

3부 닫아버린 것에 대하여

달콤한 유혹 · 72

닫아버린 것에 대하여 · 74

스키마 · 76

어떤 웃음 · 78

소리의 추억 · 80

주파수 · 82

참말일까 · 84

커트 리히터Kurt Richter의 법칙 · 86

실존 확인의 오류 · 88

군중群衆으로부터의 탈출 · 90

생각을 바꾸다 · 92

24년 만의 부산 성탄 송 · 94

뜨거운 소식 · 96

4부 자아의 승리를 위하여

작은 바램 · 100

위를 향하는 목마름 · 102

무욕無慾의 말씀 · 104

점과 끝 · 106

형용사 배달부 · 108

젖어드는 사랑 노래 · 110

버림의 미학 · 112

원초적 세상에서 · 114

길에 대한 다짐 · 116

괜찮은 비행법 · 118

자아의 승리를 위하여 · 120

간절함 · 122

밀착 명상 · 124

시인, 그 아득한 이름이여 · 126

디카시집 해설 · 128

1부

운명과의 대면

나의 외전外傳

봉황이라 자랑했지요

내 모습에 놀랬어요

밝음 앞에 녹아 없어질

병아리였어요

사랑의 헌장

사랑하는 사람아 우리 사랑 옅어지면

너는 멀어져 설산 되고 나의 몸엔 가시가 자라니

뜨겁지도 차갑지도 말고 변함없는 모습 우리의 자리

가꾸고 다듬어서 꽃피고 새가 깃드는

너와 나의 낙원으로 만들어 가요

꽃길 허상

꽃길만 걸을 수 없어요

눈앞의 유혹은 위험해요

우리의 길은 당신과 나의 몫

차근차근 뚜벅뚜벅 바른길 걸어 봐요

꿈꾸는 피안은 만들어 가는 거죠

마약 같은 사랑

추억이란 기억하고 싶다는 말

지독하거나 황홀했던 시간을 바라보는 일

가끔은 멍하니 빠져들어 쉼표를 만드는 일

그리하여 아픔을 잊어가는 일

편린

바람뿐이런가

무소식은 시간의 끈을 잡아

올라가면 갈수록 세상과 멀어지고

두 갈래 길에서는

휘몰아치는 방향대로 갈 수밖에 없지

클레오파트라의 뒷목

눈먼 사랑 권력은 허상이라네

배반의 천 년 바위로 사위고 있지만

달콤한 언약에 길들여진 뭇 사내

그의 곁을 떠나지 못하네

사람들의 구경거리가 되고 말았네

뜨거운 고독

우리는 하나라고 뜨거움을 마셔봐도

가로막힌 벽 앞에서

불러볼 이름 없는

사막을 건너는 외로운 낙타

가면 쓴 동반자

안부라는 말

잘 지내고 있어, 너는?

환하게 켜진

언니가 살고

언니 같은 도시

그곳으로 달려가고 싶은

자화상

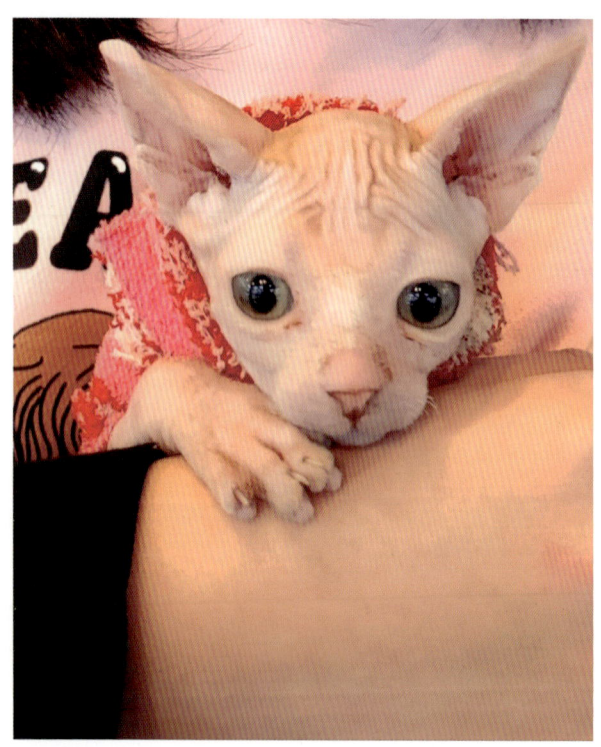

내 눈에는

사람으로 안 보입니다만

당신은 나의 동족인가요

허상과 현실

저곳은 낙원

뛰어가고 싶은

날아가 보고 싶은

코드레드Code Red*

어젯밤 당신 한 일 알고 있어요

전봇대를 쓰러뜨렸잖아요

눈에 불을 켜고 봤거든요

*코드레드Code Red : 윤리적인 관습을 어긴 부하에게 행하는
불법적 징벌을 묵인하는 행위

운명과의 대면

내던져진 존재로

앞만 보며 더듬이로 살아온 신념

누군가의 손바닥이었지만

너를 만난 오늘, 비로소 보이는

가벼움의 무게

가볍게 던진 한마디

화살 되어 돌을 뚫었네

벨렘나이트*를 떠나

내 맘대로 살아온 길

나신으로 널렸네

*벨렘나이트 : 백악기의 대륙붕에서 번성한
　　　　　　동물 원조 화석

소원과 향로向路

사랑의 흔적 희미해지고

없어도 그만인 자리에 덩그러니 놓였을 때

꿈처럼 아득한 고립

잠들지 못하던 조바심을 내려놓고

새로운 불꽃을 지펴야 할 시간

2부

밥그릇 경전

잊혀진 등대

허수아비 같은 몸에 불을 밝혀

쏟아지는 눈물 홀로 감당하시던

그 자리에만 계셔도 사무치는 맘 덜 했으리

만장輓章이 비처럼 내리는 밤

벽을 넘어서

바르고 착하게 살라 하셨지만

그것은 벽, 내 뜻대로 살았죠

허물지 못한 장벽이 너무나 많지만

오늘 문득

부조화의 여유로 당신을 그려봅니다

한낮에 대한 사고思考

육신 건사하기도 힘드셔도

사랑의 힘으로 만드셨네 듬성한 그늘

험한 세상 끝까지 지켜주시려

굽어가는 허리로도 나를 감싸시는데

눈물로 읽어보는 당신의 세월

당신의 일생

맨땅을 더듬어 길을 내시고

황무지에

밭을 일구시며

뜨거운 비바람 바람 마시며 맞으며

마침내 온몸도 내어 주셨습니다

쓸쓸한 자리엔 고독이 남았는데

불편한 몸으로

들판을 바라보던 당신의 자리

그곳에서 잘 지내시는지

아슴한 가슴으로 그려보는

그리운 얼굴

관계의 법칙

문밖의 당신을 원망했어요

세월이 흘러 나를 보니

꼭꼭 닫았던 문이군요

미안해요

아르타 왕국의 추체험追體驗*

내가 이룬 것들을 넘보지 말라

사납게 살아온 세상

그래봐야 한 뼘

나누면 커지는 부富인데

눈 부라리는 오늘

*추체험 : 어떤 경험을 자신의 체험으로 인식함

밥그릇 경전

이 작은 것조차

눈 부릅뜨고 지켜야 하지만

일체유심조의 행복

바람의 노래

그대의 손을 잡고 여기까지 왔는데

허상의 유토피아 황량한 벌판

바람난 바람에 어지러운 마음

황혼인지 여명인지 어슴한 세상

호흡을 가다듬어 다시 부르는

내가 누구지?

야성野性은 사라지고

자존심도 없어진

주인의 선의만을 바라는 신세

호랑이는 우리의 아류

아프리카로 날 보내줘

밀담

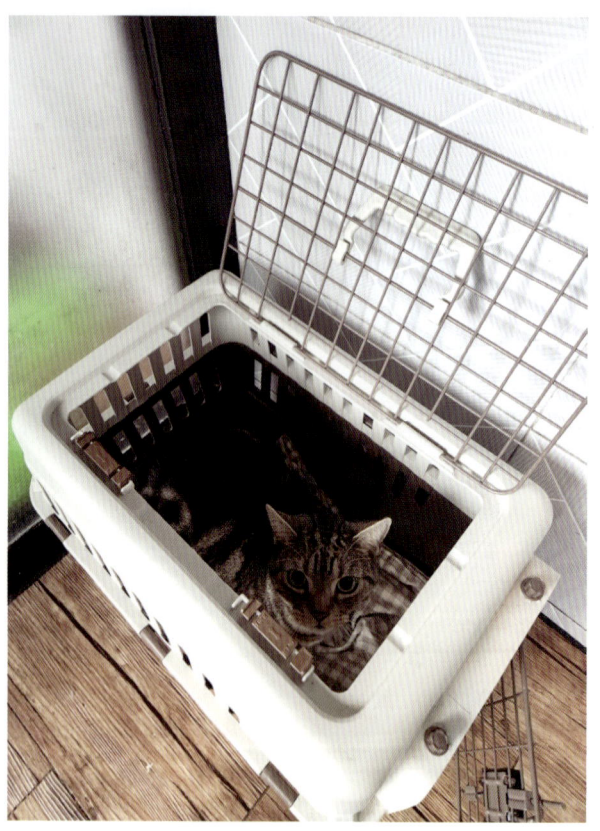

싫어요 안 나갈래요

나만의 공간이 황홀해요

덧 모르고 살아 온 이기적인 세상

그곳이 감옥 그곳이 지옥

그곳을 나와봐 세상은 넓단다

모정母情의 노래

내 모습 그대로를 사랑하시는

나의 등 뒤에서 어둠이 빛나도록

아이들 뛰노는 동산의 근원

자신을 태워 밝히시는

드러내지 않는 한 사람이 있습니다

연가戀歌

미풍에 흔들리는 것은

그대 향한 뜨거움이죠

살아있는 것은 흔들리는 법

때로는 눈물을 낙엽처럼 떨구는 일이죠

당신만을 바라보고 있다는 것이지요

준비됐어요

허허벌판 황무지면 어때요?

울창하진 않지만 알아요 고마워요

쉴만한 낙원을 만들어 봐요

3부

달아버린 것에 대하여

달콤한 유혹

내 속을 채우는 화려한 것들

달콤한 것 속에 숨겨진 갈라진 혀

저 말의 가시

나를 찌를 수 있는

닫아버린 것에 대하여

마침내 떠날 이유는 당신에게 있었고

저 너머에 존재하지 않던 낙원

마침내 다다른 카프카의 문

드나들던, 닫아버린

내가 열어야 할.

스키마*

빨리 찍으세요

고개를 내밀고 앞발에 힘주어야 하니까요

이견異犬 있나요

*스키마 : 바트레트(Bartlett, F.C.)가 제안한 인지심리학의 개념.
 인공지능 분야. 도식이라고도 한다. 데이터 베이스
 의 성질을 형식적으로 기술한 것. 각 이용자에게 제
 공되는 스키마를 외부 스키마라고 한다.

어떤 웃음

부딪혀 살아가는,

그 속에서 화살표가

조용한 무리를 이끌고

창공으로 다가오네

따스한 기억을 돌리고 있네

소리의 추억

높이가 다르다고 외면하지 말아요

위치가 다르다고 무시하지 않겠어요

우리 속화음屬和音* 으로 다시 어울려 봐요

*속화음屬和音 : 음계 중의 으뜸화음

주파수

행진하듯 앞장 선

멀찌감치 다른 행성이 물방울에 침수될 때

응원으로 다가온 기적의 깃대

높고 무한대로 이끄는 흔들림

참말일까

흔들리지 마

꿈같은 우리 사랑만 기억해

내가 지켜줄게

눈길도 보내지마

커트 리히터Kurt Richter의 법칙*

포기하지 않는 한 나는 강하다

다시 비상할 거야

힘을 얻기 위해 잠시 쉬고 있을 뿐이야

*커트 리히터Kurt Richter 법칙 :
 감각 자극이 정신에 전해지고 뒤따라 편도체가 공포의 감정을
 처리하는 일련의 사건을 자극의 종류에 따라
 "시각-공포 경로", 또는 "청각-공포 경로"라고 부른다.

실존 확인의 오류

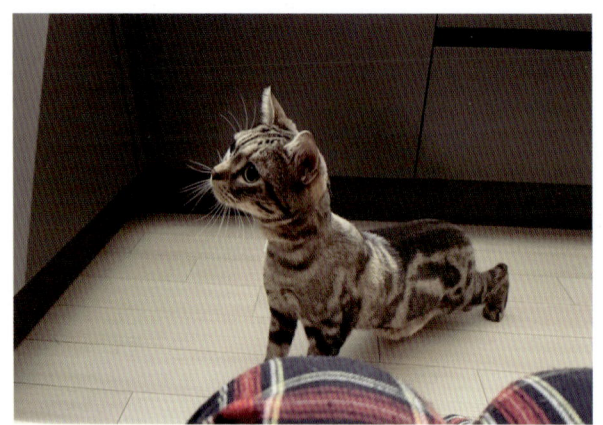

나는 호랑이인데

나를 바라보는 당신은 누구세요?

군중群衆으로부터의 탈출

거기서 나와

너를 보여줘

거봐

너는 다르잖아

생각을 바꾸다

흙수저 신세라 탓하지 마

척박한 세상이라고 좌절도 하지마

될 때까지 해보는 거야

봐 꽃밭이 되었잖아

24년 만의 부산 성탄 송

기쁘다 눈이 왔심니더

온 시민 노래하고 있어예

미끄러져 엉덩방아 찍어도

달맞이고개 힘들어도

좋은 걸 뭐라카지 마이소

뜨거운 소식

낮은 곳으로 조용히 오시는 님이여

나의 교만과 아집을 덮어주소서

다독여 주시는 손길

시렸던 가슴 열고 당신을 영접합니다

4부

자아의 승리를 위하여

작은 바램

기대와 실수는 반비례되어야 하고

구름을 뚫는 비행기는 전진뿐이지

나의 소망처럼

위를 향하는 목마름

쉼 없이 달려왔지만 벽이 가로막고

벽을 타고 올랐으나 외길의 목마름이네요

쉴만한 물가, 행복의 터전은 저 너머에 있을까요

지금 딛고 선 이 땅을 일구어야 할까요

무욕無慾의 말씀

고요한 미소로 피어나

세상 밝히는 등불이 되었네

욕망을 누르고 눌렀더니

내려놓는 마음으로 살라시는

당신 음성 들리는 한낮

점과 끝

끝까지 가본 사람은 알아요

실패의 눈물 흘리며 바라보던

사방이 벽일 때

고개 들고 주먹 쥐면

그곳이 시작이었다는 걸요

형용사 배달부

무리하지 않아도 좋은

품사의 조용한 출렁임

느림의 윤곽

수더분한 행보로 살라는

아침의 전언

젖어드는 사랑 노래

님 발치에 떨구었네

당신을 위한 떨림의 노래

그대여 오소서 촉촉이 오소서

아련한 사랑의 시절

버림의 미학

흘러가는 구름 속에 내 마음 숨겼네

상처받은 그 말들 모두 버렸네

푸른 숲이 친구 되는 바다가 생겼네

고기들이 노니는 바다가 되었네

원초적 세상에서

뿌리 없어도 결과만을 환호하는 세상

내 모습 그대로 내 자리 가꾸며

비바람 모진 추위 해마다 견뎌내어

튼실한 나무로 꽃 피우고 열매 맺어

그대 쉴만한 숲이 되고 싶어라

길에 대한 다짐

저건 벽이 아니라

내가 만든 허상이죠

넓은 길은 내 마음에 있더군요

눈앞의 길만 보지 말자구요

오늘 시간의 길을 만들어 왔잖아요?

괜찮은 비행법

정해진 그것에서 멀어져 봐

펼쳐보면 결이 다른 날개의 힘

집착을 떠나는 새로운 여행

다시 쓰는 나의 비행법

자아의 승리를 위하여

당신의 존재는 빛이 나네요

점점으로 이어지는 흐뭇한 사람살이

더불어 밝혀가요 어두운 세상

우리가 시작하면 세상이 따라해요

간절함

길이 없을 땐 노골적이다

욕망의 수사로 떼를 쓴다

그것은 무너지기 전의 서러운 절창이다

나를 온전히 벗어 던지는 일이다

밀착 명상

이데아를 강조하지 말아요

다양한 생각을 존중해 주세요

맹렬하게 타오르는 불꽃처럼

우리 색깔대로 살 거예요

향기 나지 않나요?

시인, 그 아득한 이름이여

자칫하면 중년인데 너그럽게 살 걸

넓은 세상 마주하니

교만 감춘 위선의 작은 돌

비로소 나는 혼자인데

여기서부터 시작이구나

□ 최희남 디카시 해설

척박한 땅 앞에 우뚝 서서
푸른 동산을 가꾸려는 용기로 가득한
시인의 탄생

이어산(시인, 한국디카시학회 대표)

중국 전국시대의 공손룡公孫龍은 '백마비마론白馬非馬論'을 통해서 흰색의 말, 즉 "백마는 말이 아니다"라고 했다. 그는 일반과 특수, 보편성과 개성의 관계로 나누어서 말을 구분해서 본 것이다. 우리가 알고 있는 상식을 뛰어넘는 '궤변론'의 예로 등장하기도 하지만 이런 시각이 철학자나 시인에게 요구되는 자세다. 세상을 다른 각도에서 바라보며 생각하는 철학자의 명제처럼 시인도 모든 보편적이고 공통적인 시적 대상을 삐딱하게 보고 그 특수성을 찾아내려는 사람이라고 할 수 있다. 왜냐하면 철학이나 시의 본질이 "세상을 새롭게 해석하는" 작업이기 때문이고, 이런 노력으로 인하여 세상은 훨씬 의미 있고 다채로우며 재미있고 새롭게 발전하는 원동력을 얻기 때문이다.

시는 인간의 정서를 가장 고차원적으로 풀어내는 장르이므로 모든 예술의 앞자리에 호명된다. 이 개념은 시 짓기의 생래적 특성이다. 디카시dica-poem는 여기에 더하여 디지털 시대 인간의 일부분이 된 스마트폰이나 디지털카메라로 찍은 영상을 시와 결합하여 더 큰 의미의 확장을 창출하는 문학의 진보를 이루었다. 이는 카메라가 생긴 이후 꾸준히 그 명맥을 이어온 사진시Photo-poem와는 차별된다. 사진시는 제시된 사진을 묘사, 설명하면서 길이에 구애되지 않는 시적 언술을 덧붙이는 형태라는 점에서는 디카시와 비슷하다. 그러나 사진에 구속되는 언술이거나 언술을 꾸미는 자리에 사진이 놓임으로써 사진예술도 시 예술도 아닌, 작품성을 오히려 서로 침해하는 문제로 인하여 문학의 한 갈래로 제대로 인정받지 못하는 결과를 가져왔다.

이에 비해 디카시의 특징은, 사진이나 시적 언술 서로를 설명하진 않지만, 환유, 즉 의미망으로 연결되어 울림이 있도록 창작하는, 순간성이 살아있는 예술이다. 사진시는 언술을 떼어버려도 사진의 예술성이 살아나지만, 디카시는 서로 떼어 놓으면 작품성이 현저히 떨어진다. 디카시의 제목이나 사진, 언술은 하나의 덩어리이기 때문이다. 제목을 먼저 쓰고 사진과 언술, 이름 순서로 배치하는 것 모두가, 서로 떼어 놓을 수 없는 하나의 작품임을 말해주는 형태다. 또한 실시간으로 소통 가능한 5행 이내의 짧은 문장을 요구한다. 왜냐하면 현장성과 즉물성의 바탕에서 언술의 길이가 5행을 넘어가면 그 현장의 서정적 감흥을 다시 기억해 내기가 쉽지 않기 때문이다.

우리가 매 순간 만나는 대상에서 시적 영감이 떠오를 때 그 장면을 찍고 시가 가진 본래의 기능을 현대인의 감성에 맞는 의미와 울림을 창출하여 실시간으로 세계와 소통할 수 있으므로 포노사피엔스phono sapiens 시대에 최적화된 문학으로 언급되는 이유이기도 하다. 그러나 '한국 디카시학'에서는 디카시의 순간성, 현장성을 살리되, 시문학이라는 기본적 소양과 사진 영상의 가독성이 확보되지 않으면 문학의 한 갈래로 정착하기 힘들 수도 있다고 작품성을 강조하는 이유에 주목할 필요가 있다.

최희남 시인은 디카시의 땅 앞에 우뚝 섰다. 필자가 그를 "우뚝 섰다"라고 표현한 이유는, 그의 시편마다 예사롭지 않은 언술과 촌철살인적 감성이 번득이기 때문이다. 디카시의 초보자답지 않다. 앞으로 더욱 차별화된 오솔길을 만들어서 많은 독자가 찾는 푸른 정원을 가꿔보려는 용기가 당차다. 디카시의 초보자답지 않다. 이제 그의 디카시 몇 편속으로 들어가서 그의 숨결을 느껴보고자 한다.

마침내 떠날 이유는 당신에게 있었고

저 너머에 존재하지 않던 낙원

마침내 다다른 카프카의 문

드나들던, 닫아버린

내가 열어야 할.

_「닫아버린 것에 대하여」

이 한 편의 작품으로도 최희남 시인의 수준을 바로 짐작할 수 있다. 마치 요즘의 대세인 미스트롯이나 미스터 트롯에 나온 가수가 한 두 소절만 불러도 전문가는 바로 그 수준을 알아차릴 수 있는 것처럼 말이다. 인간관계에

관한 시인의 깊은 진술이 돋보인다.

카프카의 단편 소설 '법 앞에서'에 나오는 시골 사람은 '법의 문'에 다다랐으나 문지기는 "아직은 안 돼"라며 못 들어가게 한다. 문 앞에서 하염없이 기다려도 문지기는 들어가라고 말하지 않는다. 그리곤 문을 닫으려고 한다. 항의하는 시골 사람에게 문지기는 말한다. "들어가면 또 다른 문이 있다"라고. 이 장면이 함의하는 진실은 인간의 모든 관계는 내가 만든 '문'들 때문이라는 점이다. 이 디카시는 바로 내가 문을 만들어 놓고 문지기를 세워 놓는다는 상황을 말하고 있다. 문은 '단절'을 전제한다. 실재하지 않은 위험에 지레 겁을 먹고는 "이 문을 열지 못하는 이유는 당신에게 있어"라고 한다. 우리가 그렇다. 내가 만들지 않았을 땐 서로 자유로울 수 있지만, 문을 만들고 문지기를 세워 놓음으로써 불신은 시작되고 기회는 사라지며 관계는 단절된다. 그 문은 내가 열어야 치유와 회복이 시작된다.

카프카의 '법 앞에서'는 '주체의 결핍'을 상징한다. 이를 해소하는 방법으로 '타자의 환대'를 제시한다. 시를 짓는 일이 바로 타자의 환대다. 관계는 환대를 통해서만이 제대로 이루어질 수 있다. 상대에게 바라는 바가 많다는 것은, 존재하지 않은 허상을 따라가는 일과도 같다는 울림을 독자에게 선사함으로써 시인의 철학적 사고를 드러낸다. 사진과 시적 언술이 절묘한 조화를 이루면서 이 시집을 관류하는 '관계 회복의 시학'으로 불릴만한 수작이다.

꽃길만 걸을 수 없어요
눈앞의 유혹은 위험해요
우리의 길은 당신과 나의 몫
차근차근 뚜벅뚜벅 바른길 걸어 봐요
꿈꾸는 피안은 만들어 가는 거죠

_「꽃길 허상」

디카시는 영상이라는 빛 그림으로 아직 규정되지 않은 다양한 실체를 순간적 서정성으로 파헤치고 그것을 결합한 결과물로 한 편의 시가 완성된다. 좋은 디카시는 문자시의 작품성을 뛰어넘을 수 있으며 인간 정신세계의 진보에 기여한다. 많은 사람은 꽃길이 펼쳐지길 원하지만 그런 길은 허상에 이르는 유혹이라는 점을 이 시에서는 말하고 있다. 모든 일에는 순서가 있다. '차근차근 뚜벅뚜벅' 만들고 걸어가야 한다. 그러한 방법이 진정한 피안에 이르는 길이라고 하고 있다. 이것은 독자에게 말하는 것이 아니라 자기에게 다짐하는 내용이기도 하다. 보통 우리의 자아ego는 자존심으로 나타나는데 좀처럼 자기self에게 굴복하지 않으려고 한다. 있는 모습대로 자기를 받아들이는 것을 '자기수용self acceptance'라고 한다. 시에서 때로는 자기수용도 필요하지만 자기를 새롭게 하려는 노력은 끊임없이 요구된다. 따지고 보면 시 짓기는 객관적 이성과 호환되지 않은 주관적 자아를 통해서 자기를 찾아가는 여행이다. 이 시의 사진이 곱다. 디카시에서 요구하는 사진의 수준은 전문가적인 작품성을 요구하지는 않지만 누가 봐도 거부감이 없는 사진이 좋다. 그리고 대상을 넓게 잡은 구도full shot는 주제를 약화시킬 수 있으므로 선택과 집중구도closeup shot를 권장한다.

끝까지 가본 사람은 알아요
실패의 눈물 흘리며 바라보던
사방이 벽일 때
고개 들고 주먹 쥐면
그곳이 시작이었다는 걸요

_「점과 끝」

    인간의 삶은 각본 없이 펼쳐지는 한 편의 소설과도 같다. 사람의 앞날을 예측할 수 없기에 드라마틱하다. 살아가는 동안 성공이 계속 보장된다면야 얼마나 좋으련만 때때로 우리는 좌절과 환란, 극한의 상황에 몰리기도 한다.

저 풍광을 포착한 시인의 시선은 따뜻하다. '점'은 마침이나 끝을 뜻한다. 그러나 최희남 시인은 그곳이 시작점이라고 말하고 있다. 고개를 들라고 한다. 위를 보라고 한다. 이런 철학적 사고는 일종의 본능적 반응이기도 하다. 사람의 생각이란 살아가는 용기를 얻을 수도, 잃을 수도 있다. 이 시적 언술은 자신에게 다짐하는 '생활철학' 일 수도 있겠다. 실패했다는 것은 가치 있는 일에 도전해봤다는 말이고 또한 성공에 한 발짝 더 가까워졌다는 뜻이다. 실패를 견디고 배우면 앞으로 더 큰 도움이 될 것이고 실패를 두려워하지 않고 포기하지 않으면 결국 성공한다. 그러나 실패를 모르는 사람은 인생의 그늘이 없는 재미없는 인생이다.

허수아비 같은 몸에 불을 밝혀

쏟아지는 눈물 홀로 감당하시던

그 자리에만 계셔도 사무치는 맘 덜 했으리

만장輓章이 비처럼 내리는 밤

_ 「잊혀진 등대」

　최 시인의 아버지는 오랜 투병 생활 끝에 돌아가셨다고 한다. 지금은 잊혀져 가는 아버지의 존재를 비를 맞으면서도 불을 밝히고 있는 가로등에서 떠올린다. "허수아비 같은 몸에 불을 밝혀/쏟아지는 눈물을 홀로 감당하시던" 아버지의 마음이 이제 어렴풋이 짐작된단다. 부모는 가정과 자식들을 위하여 온갖 노력과 희생을 하지만 그것을 제대로 해주지 못했을 땐 가슴으로 눈물을 흘린다. 마치 지금 내리는 비처럼 말이다. 그런 아버지, 지금 살아 계셨다면 "사무치는 맘 덜 했"겠다는 회한이 묻어난다. 나이가 들어갈수록 부모를 이해할 수 있게 된다.

봉황이라 자랑했지요
내 모습에 놀랬어요
밝음 앞에 녹아 없어질
병아리였어요

_「나의 외전外傳」

위 디카시는 웃음이 묻어나면서도 자기 성찰의 울림이 크다. 눈으로 만든 병아리 형상, 자기가 자기를 보지 못하면 자기도취에 빠지게 된다는 점을 잘 표현했다. 자신을 겸손하게 성찰하는 능력은 성공과 실패를 결정짓기도 한다. 자기의 분수를 모르고 교만하게 행동하는 사람은 사회에서 인정받기 힘들다. 겸손은 비굴함과는 다르다. 자기의 실체를 아는 사람이다. 사회가 요구하는 행동을 당당하게 행할 수 있는 사람이다. 반면 비굴함이나 교만함은 실패의 선봉장이 된다. 비굴한 사람은 무시당하게 되고 교만한 사람은 아무리 포장 해도 밝은 빛 앞에선 다 드러난다. 마치 눈이 녹아 없어지듯 존재감의 소멸을 가져온다. 자신에 찬 행동, 떳떳한 행동은 '겸손'이라는 바탕에서 성공의 열매로 나타난다는 사실을 인간사가 증명해 준다.

하이데거Heidegger는 "모든 예술의 본질은 시 짓기 Dichtung와 같다"라고 했다. 모든 예술의 으뜸에 시가 놓인다는 말과도 같다. 그래서 시인은, 높은 자의식으로 깨어 있어야 한다. 눈앞의 현상이 보편적인 사람의 것이라면, 현상에 감춰진 존재의 고요한 소리를 듣는 사람이 시인이다. 특히 디카시의 시선은 '실체에선 보이지 않지만 존재의 일렁임을 보는 눈'을 갖춰야 한다. 그렇게 깨어 있으면 좋은 작품을 쓸 수 있다.

최희남 시인의 디카시 몇 편만으로도 그의 작품성은 신인의 수준을 넘어섰다. 그래도 그는 이제 디카시를 개척하는 전도자의 사명감으로 디카시 발전에 이바지하면 좋겠다. 그가 기경起耕해 갈 영토를 옥토로 가꾸느냐 아니냐는 본인의 의지에 달렸다. 그렇지만 그가 하는 여러 일과 시를 대하는 자세로 봤을 때 제대로 된 디카시의 일가를 이룰 수 있을 것 같아서 마음 든든하다.